**Bibliografische Information der Deutschen Nationalbibliothek:**

Die Deutsche Bibliothek verzeichnet diese Publikation in der Deutschen National-
bibliografie; detaillierte bibliografische Daten sind im Internet über http://dnb.d-
nb.de/ abrufbar.

Dieses Werk sowie alle darin enthaltenen einzelnen Beiträge und Abbildungen
sind urheberrechtlich geschützt. Jede Verwertung, die nicht ausdrücklich vom
Urheberrechtsschutz zugelassen ist, bedarf der vorherigen Zustimmung des Verla-
ges. Das gilt insbesondere für Vervielfältigungen, Bearbeitungen, Übersetzungen,
Mikroverfilmungen, Auswertungen durch Datenbanken und für die Einspeicherung
und Verarbeitung in elektronische Systeme. Alle Rechte, auch die des auszugsweisen
Nachdrucks, der fotomechanischen Wiedergabe (einschließlich Mikrokopie) sowie
der Auswertung durch Datenbanken oder ähnliche Einrichtungen, vorbehalten.

**Impressum:**

Copyright © 2012 GRIN Verlag, Open Publishing GmbH
Druck und Bindung: Books on Demand GmbH, Norderstedt Germany
ISBN: 9783668265684

Danielle Ackermann

# Dilemmadiskussion nach der Methode von Lawrence Kohlberg

GRIN Verlag

**GRIN - Your knowledge has value**

Der GRIN Verlag publiziert seit 1998 wissenschaftliche Arbeiten von Studenten, Hochschullehrern und anderen Akademikern als eBook und gedrucktes Buch. Die Verlagswebsite www.grin.com ist die ideale Plattform zur Veröffentlichung von Hausarbeiten, Abschlussarbeiten, wissenschaftlichen Aufsätzen, Dissertationen und Fachbüchern.

**Besuchen Sie uns im Internet:**

http://www.grin.com/

http://www.facebook.com/grincom

http://www.twitter.com/grin_com

# Inhalt

1

# 1 Einleitung

Es gibt viele Versuche, menschliche Entwicklung anhand von Entwicklungsschritten zu ordnen, die sich klar voneinander abgrenzen und unterscheiden lassen. Stufenmodelle betonen, dass Entwicklungsprozesse in einer geordneten Abfolge stattfinden und in vielfacher Weise aneinander anknüpfen bzw. aufeinander aufbauen.

Den Entwicklungsstadien lassen sich bestimmte Entwicklungsaufgaben zuordnen. Diese bestehen aus Herausforderungen, die sich dem Individuum in einer bestimmten Entwicklungsperiode stellen und zielorientiertes Handeln sowie die Bewältigung von Anforderungen und Krisen verlangen. Dabei betrachtet man Problemsituationen als Gelegenheiten, neue Verhaltens- und Sichtweisen zu entwickeln und bisherige Denk- und Handlungsmuster umzustrukturieren.

„Eine Entwicklungsaufgabe ist eine Aufgabe, die sich in einer bestimmten Lebensperiode des Individuums stellt. Ihre erfolgreiche Bewältigung führt zu Glück und Erfolg, während Versagen das Individuum unglücklich macht, auf Ablehnung durch die Gesellschaft stößt und zu Schwierigkeiten bei der Bewältigung späterer Aufgaben führt" (Havighurst, 1982; zitiert nach Oerter, 2002).

Auch Lawrence Kohlberg entwarf eine solche Theorie, die die moralische Entwicklung von Menschen in verschiedene Stufen einteilt. Dieses Stufenmodell, welches sich auf Piagets Modell der moralischen Entwicklung zurückführen lässt, möchte ich nun im Folgenden näher erläutern. Dabei werde ich zunächst etwas näher auf Kohlbergs Stufenmodell eingehen und die einzelnen, von ihm beschriebenen Stadien bzw. Stufen darstellen, bevor ich danach auf die Vorgehensweise Kohlbergs und damit verbunden auf die Methode der Dilemmadiskussion zu sprechen komme. Hierbei möchte ich die Theorie darlegen und auch einen praktischen Ausblick für den Ethikunterricht geben. Dabei werde ich speziell auf die Durchführung im Unterricht, die Rolle des Lehrers und auch auf diverse Faktoren hinweisen, die bei der Umsetzung der Dilemmadiskussion in die Praxis unbedingt beachtet werden sollten. Ein Praxisbezug lässt sich im Anschluss finden, in dem ich ein Beispiel für eine mögliche Unterrichtsstunde in Form eines Unterrichtsverlaufsplanes sowie eine Dilemmageschichte präsentieren werde.

Im Schlussteil möchte ich das praktische Arbeiten mit der Methode der Dilemmadiskussion schließlich noch einmal kritisch reflektieren und festhalten, ob sie sich für den Ethikunterricht eignet und welche Faktoren dabei gegebenenfalls noch zu beachten sind.

# 2 Lawrence Kohlberg und sein moralisches Stufenmodell

Lawrence Kohlberg, geboren am 25. Oktober 1927 in Bronxville, war ein US-amerikanischer Psychologe und Professor für Erziehungswissenschaften, der einen Großteil seines Lebens in Cambridge verbrachte und dort seit 1968 an der Harvard University lehrte. Genau zehn Jahre zuvor verfasste er seine Dissertation über „Die moralische Entwicklung des Menschen" und erweiterte damit Jean Piagets Theorie der kognitiven Entwicklung. Sein entworfenes Modell erlangte große Bekanntheit und ist eines der meist diskutierten in der modernen Philosophie.

Er legte Kindern und Jugendlichen eine Reihe von hypothetischen, moralischen Konfliktsituationen vor und ordnete die Reaktionen den einzelnen Stufen bzw. Stadien zu, die ich im Weiteren noch näher erläutern werde. Kohlberg konnte zwar eine gute Übereinstimmung mit seinen theoretischen Annahmen feststellen, doch zeigte sich auch, dass es große Unterschiede im Entwicklungsverlauf der einzelnen Kinder gibt. Des Weiteren wurden auf den einzelnen Altersstufen, die er untersuchte, Urteile im Sinne verschiedener Stadien, je nach Situation und Problemstellung, abgegeben. Daher wird bei Kohlberg im Gegensatz zu Piaget auch darauf verzichtet, bei den einzelnen Stadien Altersangaben zu machen. Die drei Hauptniveaus und sechs Stufen moralischen Verhaltens, die Kohlberg unterscheidet und denen er die Verhaltensweisen der Kinder und Jugendlichen zuzuordnen versucht hat, sollen im folgenden Schaubild verdeutlicht werden:

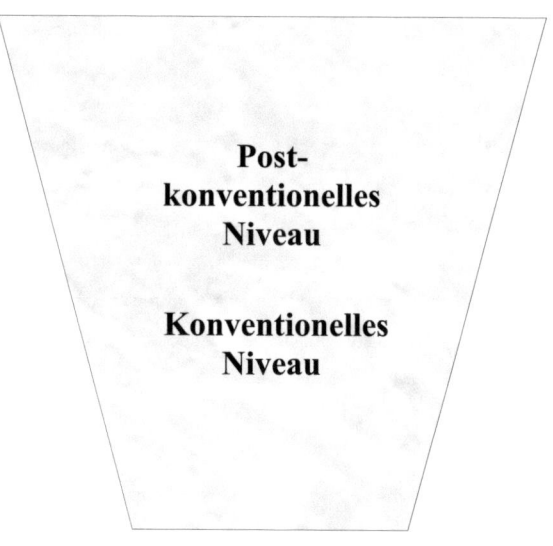

**6. Stufe: Orientierung an universellen ethischen Prinzipien**

**5. Stufe: Legalistische Sozialvertrags- Orientierung**

**Post- konventionelles Niveau**

**4.Stufe: Orientierung an Gesetz und Ordnung**

**3. Stufe: „Good Boy" / „Nice Girl" Orientierung**

**Konventionelles Niveau**

**2.Stufe: Instrumentell-relativistische Orientierung**

**1.Stufe: Orientierung an Strafe und Gehorsam**

3

In der ersten Stufe des präkonventionellen Niveaus ist das Kind für klare Etikettierungen wie „gut und böse" sowie „richtig oder falsch" empfänglich. Dabei werden diese Etikettierungen bzw. Regeln im Sinne der Konsequenzen der Tat (Bsp. Bestrafung/Belohnung) und im Sinne der physischen Macht derer, die die Regeln aufstellen, ausgelegt. So entscheiden die Konsequenzen einer Handlung, die eventuell folgenden Strafen sowie das Auftreten der Person, die die Strafe verhängt darüber, ob eine Tat als gut oder schlecht angesehen wird. Das Kind orientiert sich ausschließlich an der Strafvermeidung und der Unterwerfung unter die Macht, ohne dabei die ihr zugrundeliegende moralische Ordnung zu berücksichtigen, die durch die Bestrafung und Autorität aufrechterhalten wird.

Darauf folgt die zweite Stufe, in der richtiges Handeln dadurch definiert wird, dass es die eigenen Bedürfnisse und gelegentlich auch die Bedürfnisse anderer befriedigt. Zwischenmenschliche Beziehungen werden mit Beziehungen verglichen, wie sie auf einem Marktplatz stattfinden könnten. So ist das gerecht, was als ein gleichwertiger Austausch, ein Handel oder als ein Übereinkommen verstanden werden kann. In dieser Stufe sind nun des Weiteren Elemente von Fairness, Reziprozität und gerechtem Teilen vorhanden. Dabei geht es allerdings nicht um Loyalität, Dankbarkeit oder Gerechtigkeit, sondern eher um eine Gegenseitigkeit, die sich mit dem Prinzip „eine Hand wäscht die andere" gut umschreiben lässt.

Im Konventionellen Stadium, in dem zunächst die 3. Stufe einzuordnen ist, erlebt sich das Individuum inzwischen als zugehöriges Mitglied einer Gesellschaft. Dabei definiert sich gutes Verhalten hier - anders als noch in der zweiten Stufe - als Verhalten, das anderen gefällt, ihnen hilft und von ihnen gelobt wird. Die Individuen, die sich in diesem Stadium befinden, zeigen Konformität mit stereotypen Vorstellungen davon, was allgemein gültig und im Mehrheitsverhalten vorzufinden ist. Die Meinung anderer wird zum Maßstab des moralisch Richtigen und man bemüht sich um Lob. Es geht darum, als „guter Mensch" aufzutreten, um die Zuneigung und Anerkennung anderer zu gewinnen.

Die 4. Stufe steht hauptsächlich für Autorität und feste Regeln, an denen sich das Individuum orientiert. Die soziale Ordnung soll aufrecht erhalten werden und richtiges Verhalten besteht darin, seine Pflicht zu tun und die gegebene soziale Ordnung um ihrer selbst Willen zu erhalten. Das Recht steht im Dienste der Gesellschaft, einer Gruppe oder einer Institution und es wird eingesehen, dass Regeln eingehalten werden müssen, um das Funktionieren einer Gemeinschaft zu gewährleisten.

Eine Weiterentwicklung lässt sich in der darauf folgenden Stufe des postkonventionellen Niveaus insofern finden, als dass hier ein deutliches Bemühen darin besteht, moralische Werte zu finden, die unabhängig von der Autorität einzelner Menschen oder Gruppen, die diese Prinzipien vertreten, gültig sind. So wird richtiges Handeln in erster Linie über allgemeine, individuelle Rechte definiert. Des Weiteren hält man sich an von der gesamten Gesellschaft definierte Normen, die stets von allen Mitgliedern dieser Gesellschaft kritisch hinterfragt und beurteilt werden.

Die letzte Stufe zeichnet sich dadurch aus, dass die Individuen universalen Prinzipien folgen, die sie selbst gewählt haben. Von diesen ethischen Prinzipien lassen sich alle gesellschaftlichen Ordnungen ableiten, wobei die Prinzipien als logisch, umfassend, universell und konsistent betrachtet werden können.

Allgemein ist festzuhalten, dass dabei jedes Stadium die notwendige Voraussetzung für das nächste ist, Stadien nicht übersprungen werden können und auch Rückschritte nicht vorgesehen sind. Außerdem hält Kohlberg fest, dass nicht alle Menschen das komplette Modell durchlaufen. Es gebe sogar nur einen sehr geringen Teil, der die letzte Stufe erreichen würde. Wichtig ist auch, dass das beschriebene Modell auch von Kohlberg als eine idealtypische Konstruktion gesehen wird. Das Stufenmodell nimmt hypothetisch an, dass verschiedene psychologische Organisationen mit verschiedenen Zeitpunkten der Entwicklung zu verknüpfen sind und dass sich daraus eine Sequenz ableiten lässt, die den Entwicklungsstatus des Individuums vorhersagbar macht. Man kann bei diesen Untersuchungen zur sozialen Entwicklung der Persönlichkeit aber nicht von klaren Ergebnissen ausgehen, da keine strukturellen Änderungen mit einbezogen werden. Diese Schwierigkeiten zeigten sich auch bei den Ergebnissen von Kohlberg, wie bereits erwähnt wurde. So lässt sich abschließend festhalten, dass Kohlbergs und auch Piagets Untersuchungen und Theorien für die Forschung äußerst anregend waren, auch heute noch berücksichtigt werden und in vielerlei Hinsicht auch für die Arbeit als Lehrer/in immer noch von Bedeutung sind, wie sich noch herausstellen wird. Allerdings sollten sie dennoch eher als hypothetische Annahmen betrachtet werden und die strengen Annahmen über die zwingend notwendige Abfolge einzelner Entwicklungsschritte lassen sich zum heutigen Zeitpunkt gar nicht mehr aufrecht erhalten.

# 3 Die Methode der Dilemmadiskussion

Kohlberg begründete seine Theorie, indem er Kindern und Jugendlichen, wie bereits erwähnt, eine Reihe von hypothetischen moralischen Konfliktsituationen vorlegte und die Reaktionen den einzelnen Stufen bzw. Stadien zuordnete. Bei diesen Konfliktsituationen ging es etwa darum, ob man ein teures Medikament stehlen darf, um den Tod seiner eigenen Frau abzuwenden. Solche Konfliktsituationen und das Auseinandersetzen mit diesen zur Förderung moralischer Urteilskraft im Schul- bzw. Ethikunterricht soll nun im folgenden Abschnitt thematisiert werden, zumal auch

Lawrence Kohlberg die Methode der Dilemmadiskussion vorschlug, um zur Förderung der allgemeinen moralischen Entwicklung von Menschen beizutragen.

## 3.1 Theorie

Ein Dilemma bezeichnet im Allgemeinen eine schwierige, notwendige Wahl zwischen zwei gleichwertigen Dingen, bei der ein Ausweichen auf eine dritte Möglichkeit nicht möglich ist. Es handelt sich also gewissermaßen um eine Zwangslage, die eine unumgängliche Entscheidung verlangt. So wird in diesem unausweichlichen Wertekonflikt auf jeden Fall einer der Werte verletzt und umso verständlicher ist es, dass die Lösung der jeweiligen Konfliktsituation, die in der Dilemmageschichte präsentiert wird, eine begründete Entscheidung erfordert.

Dabei lässt sich zwischen dem Realdilemma, dem hypothetischen Dilemma und dem fachspezifischen Dilemma unterscheiden. Das Realdilemma thematisiert moralische Problemsituationen aus der aktuellen, tatsächlichen Erfahrungswelt der Schüler/innen. Die Schüler/innen fühlen sich im besten Fall direkt angesprochen, sodass sich das Dilemma als Grundlage für Entscheidungsfindungsprozesse eignet. Problematisch ist hierbei, das richtige Maß an emotionaler Beteiligung der Schüler/innen zu treffen. Dieses Problem kann im hypothetischen Dilemma vermieden werden, denn es geht von einer angenommen, durchaus möglichen Situation aus, die für die Schüler/innen allerdings nicht aktuell ist. Der Vorteil besteht somit darin, dass bei einer Wertediskussion größere emotionale Distanz zugelassen werden kann als bei einem Realdilemma. Durch die geringere Selbstbetroffenheit und dem geringeren Maß an Handlungsdruck können so eventuell entstehende Abwehrmechanismen vermieden werden. Dadurch bleibt auch die moralisch kognitive Diskussion eher gewährleistet, auch wenn die Brauchbarkeit für die Schüler/innen erkennbar sein muss, um Desinteresse zu verhindern. Das fachspezifische Dilemma ergibt sich wiederum aus einem bestimmten, fachlichen Zusammenhang, wobei es hier mehr um kollektive Entscheidungen geht. Im Vordergrund steht neben der Beurteilung der Konfliktsituation hier also auch das Üben von demokratischem Verhalten. Dabei wird allen Arten eine besondere Funktion und Wirkung zugeschrieben, die bei richtiger Umsetzung in vielerlei Hinsicht beobachtet werden kann. Das Arbeiten mit Dilemmata soll helfen, zwischen konkurrierenden Werten abzuwägen und nachvollziehbare Lösungswege zu finden. Durch sie sollen Argumentationen und Urteilsfähigkeit gefördert und bestärkt werden auch bereits erlernte Argumentationsformen sowie vorhandenes Wissen über Normen und Werte können angewandt werden.

Um diese Ziele zu erreichen, sollten einige Faktoren beim Planen einer solchen Dilemmadiskussion beachtet werden. So sollte es sich bei der zu behandelnden Konfliktsituation um eine echte Wertzwickmühle handeln, die sich auf zwei bis drei miteinander konkurrierende Moralprinzipien beschränkt, um sie nicht zu sehr zu verkomplizieren. Demnach sollte sie auch an den Entwicklungsstand der Schüler/innen angepasst sein, sodass die Werte erkennbar sind und die Schüler/innen gefühlsmäßig angemessen betreffen. Dabei muss des Weiteren beachtet werden, dass das Dilemma für Schüler/innen für die Bewältigung eigener gegenwärtiger oder zukünftiger moralischer Probleme persönlich bedeutsam ist, um sie zur Identifikation anzuregen. Um dies zu gewährleisten, wird empfohlen, ein Realdilemma aus der Lebenswert der Schüler/innen zu wählen, da so ein unmittelbarer Handlungsbezug gegeben ist. Wichtig bei der Arbeit mit solchen Konfliktsituationen ist vor allem die Intention dieser Vorgehensweise, die auch im Klassenverband deutlich gemacht werden sollte; es geht nicht um *die* richtige Lösung der Situation, die herausgearbeitet werden soll, sondern viel mehr um die Art und Weise der Argumentation mit dem Ziel der Entwicklung moralischer Urteilsfähigkeit.

## 3.2 Praktische Umsetzung im Unterricht

Beachtet man die genannten Rahmenbedingungen bei der Vorbereitung einer Dilemmadiskussion für den Ethikunterricht, so ist ein guter Verlauf der Stunde allerdings immer noch nicht gewährleistet. Auch bei der praktischen Umsetzung im Unterricht sind einige wichtige Faktoren zu berücksichtigen, auf die ich nun etwas näher eingehen möchte.

Neben einer guten Vorbereitung gehört zu einer Dilemmadiskussion ein angemessener Verlauf, der während der Durchführung beachtet werden sollte. Das Problem der Konfliktsituation sollte zunächst definiert und erläutert werden, um dann eventuell auftretende Verständnisfragen gemeinsam im Plenum zu klären. Darauf folgt eine Stellungnahme, die beispielsweise durch Perspektivenwechsel zu einer ersten Entscheidung führen sollte. Die Lösungsmöglichkeiten könnten in Kleingruppen diskutiert und anschließend vor der gesamten Klasse vorgestellt werden. Eine weitere Argumentation ist nun notwendig, um die Entscheidungen explizit zu überprüfen und zu begründen. Dabei soll sich die Argumentation an Erwartungen, gesellschaftlichen Regeln oder universellen Werten orientieren. In der daraus folgenden, zweiten Plenumsdiskussion sollen die Schüler sich gegenseitig zuhören bzw. ihre eigenen Annahmen und Argumentationslinien verteidigen. In dieser Diskussion soll geklärt werden, aufgrund welcher moralischer Maßstäbe die jeweilige Position legitimiert werden kann, um zu einer abschließenden Zusammenfassung überzugehen, in der die Handlungskonsequenzen abgeleitet werden und eventuell auch ein Gegenwartsbezug hergestellt werden kann. Die Arbeit mit einer solchen Dilemmageschichte eignet sich meist für eine 90- minütige Unterrichtsstunde und je nach Themengebiet und Anwendungsfeld lässt sie sich mit den Jahrgangsstufen 7 bis 10 durchführen, wobei sehr anspruchsvolle Konfliktsituationen vielleicht sogar mit höheren Jahrgängen diskutiert werden können.

Wie ein Verlaufsplan nach diesen allgemeinen Maßstäben in der Praxis aussehen könnte, möchte ich

nun zeigen, wobei der folgende Verlaufsplan für sich sprechen sollte:

| Zeit | Inhalt | Sozialform; Medien | Didaktischer Hintergrund |
|---|---|---|---|
| 15 Min | Einstieg; Das Dilemma vorlesen lassen und den Kern herausarbeiten; Worin besteht das moralische Problem? Welche Prinzipien geraten miteinander in Konflikt? | Plenum; Arbeitsblätter | Die Schüler/innen werden mit dem Dilemma vertraut gemacht; sie haben Gelegenheit, Unklarheiten zu klären |
| 15 Min | Erste Stellungnahme; Probe-Abstimmung; Pro- und Kontragruppen bilden, wobei jeder seine eigene Meinung vertreten soll | Plenum/Gruppenau fteilung in zwei Lager | Die Schüler/innen sollen sich eine erste Meinung bilden und diese artikulieren; Sie sollen lernen, die Vielfalt von Meinungen zu einem moralischen Problem anzuerkennen |
| 10 Min | Überprüfen und Begründen der Entscheidung; Schüler/innen tauschen ihre Pro- bzw. Kontraargumente aus, suchen weitere Argumente und ordnen diese nach Wichtigkeit | In jedem Meinungslager Kleingruppen von 3-4 Schülern/Schülerin nen | Schüler/innen sollen sich gegenseitig als Quelle der Unterstützung sehen; Sie sollen Begründungen als Stärkung der eigenen Position schätzen lernen und herausfinden, dass Argumente unterschiedliche moralische Qualität haben können; Gruppenarbeit gibt stillen Schülern Sicherheit |
| 30 Min | Diskussion von Pro und Kontra nach abgesprochenen Regeln; die beiden Gruppen bringen nacheinander jeweils ein (wichtiges) Argument mit Begründung vor; die genannten Argumente werden stichpunktartig an der Tafel mitgeschrieben (ggf. von Schülern/innen); eventuell gibt es einige Beobachter, die sich nicht in die Diskussion einmischen | Diskussion im Plenum, aufgeteilt in zwei Lager; Beobachter; Tafel | Schüler/innen sollen lernen, öffentlich über wirkliche moralische Probleme zu sprechen; Zuhören; Verteidigen; Argumentieren; Sie sollen lernen, die Qualität von Argumenten zu unterscheiden |
| 10 Min | Jede Gruppe bringt die Argumente der anderen Gruppe in eine Rangreihe; Welches sind die besten Argumente? Welche haben nachdenklich gemacht?; Anschließend im Plenum berichten lassen, welches Argument die Gruppen jeweils als das Beste der Gegenseite sehen | Kleingruppen von 3-4 Schülern/Schülerin nen | Schüler/innen sollen zwischen den Argumenten abwägen und entdecken, dass auch die andere Seite gute Argumente haben könnte |
| 10 Min | Schluss-Abstimmung und Zusammenfassung; Handlungskonsequenzen ableiten; Gegenwartsbezug herstellen; eventuell Rückmeldung an die Klasse (durch Beobachter und Lehrer/in) | Plenum | Schüler/innen lernen Kritik der eigenen Position schätzen; Sie sollen lernen, dass eine kontroverse Diskussion über ernsthafte Probleme auch zu einer Lösung führen kann; Die Dilemmadiskussion wertschätzen; Wozu kann sie mir und anderen dienen |

Als Dilemmageschichte für diese Unterrichtsstunde könnte das Heinz-Dilemma gewählt werden, das sich im Anhang finden lässt. Allerdings lässt sich davon ausgehen, wie bereits in unserem Seminar gesehen werden konnte, dass so gut wie alle Schüler/innen in diesem Beispiel dafür stimmen würden, das Medikament zu stehlen. In solchen Situationen, d.h. wenn keine gleich starken Gruppen für die Pro- bzw. Kontraposition zu Stande kommen oder dies bereits ersichtlich ist, so kann das Dilemma modifiziert dargestellt werden, indem die „schwache" Seite stärker berücksichtigt wird. Wie diese Abänderung im Falle des Heinz-Dilemmas aussehen könnte, kann im Anhang nachvollzogen werden, ebenso wie ein weiteres Beispiel einer Dilemmadiskussion für eine Unterrichtsstunden mit dem Thema „Menschenrechte", das sich auch im Anhang finden lässt.

Ein letzter Punkt, der in der Praxis beachtet werden muss, ist die Rolle des Lehrers/der Lehrerin, die während einer Dilemmadiskussion ganz klar definiert ist. Er/Sie soll während dieser Unterrichtsstunde als eine Art Moderator auftreten, der sich mit eigenen Argumenten und Meinungsäußerungen im besten Fall komplett zurückhält. Er/Sie schafft eine Lernsituation, die die sinnvolle Lösung der moralischen Problemlage zulässt. So besteht beispielsweise seine/ihre Aufgabe darin, die Situation noch einmal abzuändern und neu zu schildern, wenn sich nicht sowohl Pro, als auch Kontra-Gruppen bilden lassen. Des Weiteren führt er/sie durch die einzelnen Arbeitsphasen, teilt in Gruppen auf und sorgt dafür, dass sich der Lernprozess nicht nur auf rationaler, sondern auch auf emotionaler Ebene abspielt. Allerdings lenkt er/sie die Diskussion nicht, sondern er/sie unterstützt die Schüler/innen bei ihrem selbstständigen Arbeiten und Argumentieren. Wie bereits zuvor erwähnt, sollte es keinesfalls um *die* richtige Lösung gehen, sondern es stehen viele andere didaktische Faktoren im Vordergrund, die aus dem vorangegangenen Verlaufsplan ersichtlich sind und umgesetzt werden sollten. Abschließend möchte ich an dieser Stelle erwähnen, dass man als Lehrer/in zur Einschätzung des Denkens und der Argumentationsmöglichkeiten der Schüler/innen auf jeden Fall Kenntnis über die Entwicklungsstufen moralischer Entwicklung haben sollte, womit Kohlberg auch hier zum Tragen kommt und sich die Aussage bestätigt, dass seine Theorie auch heute noch relevant ist und berücksichtigt werden sollte.

# 4 Schlusswort

Nachdem nun die Theorie dargestellt und auch ein praktischer Ausblick auf das Arbeiten mit Dilemmata im Unterricht gegeben wurde, möchte ich festhalten, dass sich diese Methode meiner Meinung nach optimal für den Ethikunterricht eignet. Die Schüler/innen lernen nicht nur zwischen verschiedenen, miteinander konkurrierenden Werten abzuwägen, sondern es geht auch darum, Argumentation sowie Urteilsfähigkeit zu stärken und den Schülern Handlungsspielraum zu gewähren, sodass sie eigenständig nachvollziehbare Lösungswege finden können. Besonders ansprechend finde ich dabei auch die Rolle des Lehrers/der Lehrerin, die den Schüler/innen die Möglichkeit gibt, sich so oft wie möglich zu äußern, sich den anderen mitzuteilen und den Unterricht auf diese Weise durch ihre eigenen Argumentationen zu gestalten. Des Weiteren denke ich, dass die Arbeit mit Dilemmageschichten, wie ich sie in dem vorangegangenem Verlaufsplan darstellte, ungemein nützlich ist für die Gruppendynamik innerhalb der Klasse zum Einen, als auch für das Umgehen mit anderen Menschen und die Akzeptanz verschiedener Sichtweisen und Meinungen zum Anderen. Die Schüler/innen lernen aber nicht nur, sich gegenseitig zu unterstützen und die Meinung anderer zu akzeptieren, sondern es geht ebenso darum, die Qualität der gegenteiligen Argumente zu erkennen und sich von dieser gegebenenfalls sogar umstimmen zu lassen. Außerdem bietet sich hierbei den eher stillen und zurückhaltenden Schülern/Schülerinnen die Chance, sich innerhalb der Kleingruppen stärker einzubringen. Dies führt zu mehr Sicherheit, die zusätzlich durch ergänzende Argumente, die in den jeweiligen Gruppen aufkommen, noch weiter bestärkt wird.

Aufgrund der hier genannten Aspekte, erscheint es für mich als durchaus sinnvoll, solche Dilemmata in den Ethikunterricht zu integrieren. Jedoch sollten möglicherweise auftretende Probleme bei der Durchführung im Voraus berücksichtigt werden, da diese Thematik einige Schwierigkeiten in sich birgt. So wird in der Literatur empfohlen, mit Realdilemmata zu arbeiten. Meiner Meinung nach eignen sich hypothetische Situationen allerdings besser, da hier das richtige Maß an emotionaler Beteiligung der Schüler/innen besser getroffen werden kann. Denn ist dies nicht gewährleistet, kann es schnell zu einer Blockade oder zu Desinteresse im Klassenverband kommen. Natürlich sollten der Bezug und die Brauchbarkeit des Dilemmas erkennbar sein, eventuell entstehende Abwehrmechanismen gilt es jedoch zu vermeiden. Ebenso ist eine gut organisierte Vorbereitung des Unterrichts als auch eine sinnvolle Strukturierung der einzelnen Phasen notwendig, um einen möglichst reibungslosen Ablauf zu garantieren. Hierzu würde sich ein Fahrplan eignen, auf dem die einzelnen Schritte des geplanten Vorhabens notiert sind und der den Schülern stets einen Überblick über den Unterrichtsverlauf geben würde. Ist eine derartige

Organisation und gute Vorbereitung voraus gegangen und hält man sich an den Rahmen der Theorie, so lässt sich die Behandlung einer solchen Thematik im Ethikunterricht als durchaus sinnvoll beschreiben. Deshalb würde ich mich positiv für die Arbeit mit Dilemmata aussprechen. Nicht zuletzt, weil Empathiefähigkeit in Zusammenhang mit rationalen Überlegungen einen wesentlichen Bestandteil in der Werteerziehung, wie sie im aktuellen Lehrplan für das Fach Ethik definiert wird, ausmacht.

# 5 Quellenangabe

**Literaur:**

Cohen, Martin (2005): *99 moralische Zwickmühlen*. München: Piper Verlag GmbH.

Kohlberg, Lawrence (1995): *Die Psychologie der Moralentwicklung*. Frankfurt/M.: Suhrkamp.

Köck, Peter (2001): *Handbuch des Ethikunterrichts. Fachliche Grundlagen, Didaktik und Methodik, Beispiele und Materialien, S. 212-224*: Auer.

Lind, G. (2001). Moralerziehung in der Demokratie -- Theorie und Praxis.München: Oldenbourg-Verlag.

Oerter, R. (2002). Kultur, Ökologie und Entwicklung. In R. Oerter & Montada (Hrsg.), *Entwicklungspsychologie. Ein Lehrbuch*. Weinheim: PVU

**Internet:**

http://arbeitsblaetter.stangl-taller.at/MORALISCHEENTWICKLUNG/KohlbergDilemmata.shtml#Das%20Heinz%20Dilemma